H0348072

minuscule

4 La sauterelle qui ne savait pas sauter

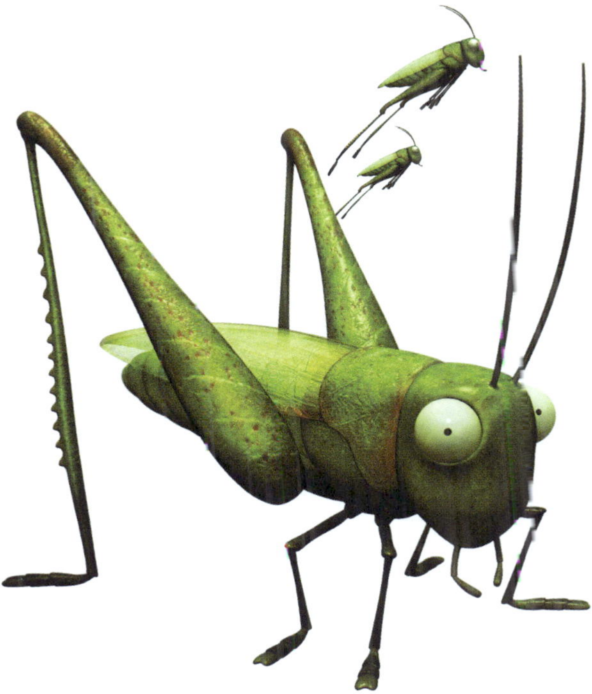

Glénat poche

La sauterelle qui ne savait pas sauter

Aujourd'hui, dans la prairie, Maman Sauterelle attend un heureux événement. Perchée sur son rocher, elle couve des yeux ses trois œufs. La naissance va bientôt avoir lieu.

Tout à coup : crrrrrrr, ça se met à gigoter ! Deux des boules vertes font trois petits sauts, dzing ! dzing ! dzing ! et CRAC ! deux minuscules têtes vertes ouvrent leurs mirettes sous leur chapeau. Qu'ils sont beaux !

Le troisième œuf à son tour tremblote et gigote. Clic-clic-clouc-clic.... il danse sur place avec un drôle de bruit de vaisselle cassée. Et finalement : CROUC ! La dernière tête verte apparaît, les yeux de travers, sous sa coquille brisée. Qu'il est rigolo !

Il n'y a pas de temps à perdre. Maman Sauterelle démarre aussitôt leur éducation. Car il faut leur apprendre à faire de jolis sauts, à ces marmots, pour qu'ils ne se fassent pas croquer par les oiseaux.

La première leçon est facile. Maman Sauterelle se met en position. Ses trois élèves l'observent, les yeux ronds.

Étape n° 1 : le corps droit, bras écartés, ramenez les jambes sous le ventre.
Étape n° 2 : pliez les jambes au maximum en penchant le corps vers l'avant.
Étape n° 3 : dépliez et sautez !

DZZZZZZING ! Maman Sauterelle s'élève dans les airs et fait un joli bond.
– À vous, les enfants !

L'aîné et la cadette se préparent aussitôt. Crrrrrrrriiiiii... Ils plient les pattes sous leur corps avec un bruit de ressort, DZING ! sautent en l'air et atterrissent près de leur mère. Bravo !

Pendant ce temps, le benjamin les a regardés faire… sans bouger !
– Alors, qu'est-ce que tu attends ? l'encourage sa maman.
Euh… il avance une jambe, puis la recule et, pattes écartées, élève le derrière avec un bruit de rideau de fer…. cric-cric-crouc-cric… SPLATCH ! Il va s'assommer sur un rocher et retombe par terre, tout cabossé.

Maman Sauterelle se gratte l'aile, perplexe. Elle n'a jamais vu bébé aussi empoté ! Il ne sait toujours pas sauter, dix minutes après être né ! Bizarre...

Sans se décourager, elle passe à la leçon n° 2. Cette fois, c'est plus compliqué : il faut traverser tout le pré en sautant.

Dzing, dzing, dzing, dzing ! Bientôt, Maman Sauterelle, son aîné et sa cadette bondissent joyeusement à travers champs.

Loin derrière, bon retardataire, le benjamin les suit, la tête à l'envers, en tournoyant dans les airs. DZONG ! DZANG ! DZOUNG ! PLOP ! CRIC ! CROUC ! AÏE ! Maman Sauterelle est de plus en plus embarrassée. Elle commence à se demander si elle ne va pas devoir consulter. C'est bien sa veine d'être tombée sur un attardé !

Allez, courage ! Abordons la leçon n° 3. C'est la plus difficile : il s'agit de sauter d'un brin d'herbe jusqu'à une tige de pissenlit et d'enchaîner par un looping arrière.

– C'est une figure technique qui demande de bien viser. Mais une fois que vous la maîtriserez, vous pourrez vous débrouiller comme des grands, explique-t-elle à ses enfants.

Démonstration : Maman Sauterelle déploie ses longues pattes et... dzzzzou ! saute jusqu'à un premier pissenlit, puis... dzzzzing ! repart en arrière et se pose comme une fleur sur le second.

Suivant son exemple, l'aîné et la cadette s'envolent. Dzou... et dzing ! ils rejoignent leur mère en deux cabrioles.

– Bravo mes chéris, vous avez réussi !

Maman Sauterelle se tourne ensuite vers son benjamin.
– Hum... à toi, mon petit !
Le bébé sauterelle se concentre... Les yeux de travers, il fixe le premier pissenlit.

Enfin, lui, il en voit deux qui se balancent. Tant pis : il s'élance et SPLAF ! passe à travers le pompon de la dent-de-lion et retombe par terre, les six fers en l'air.

Maman Sauterelle est désespérée. Elle aura tout essayé... Son petit dernier ne sait pas sauter.

Quelques jours ont passé... Il fait gris aujourd'hui. Maman Sauterelle est partie faire les courses dans la prairie avec ses deux aînés qui ont bien grandi.

Le petit dernier se retrouve esseulé sur un tas de ferraille, au coin du pré. Maman lui a recommandé de ne pas bouger et d'attendre sagement son retour, à l'abri, mais lui... il s'ennuie !

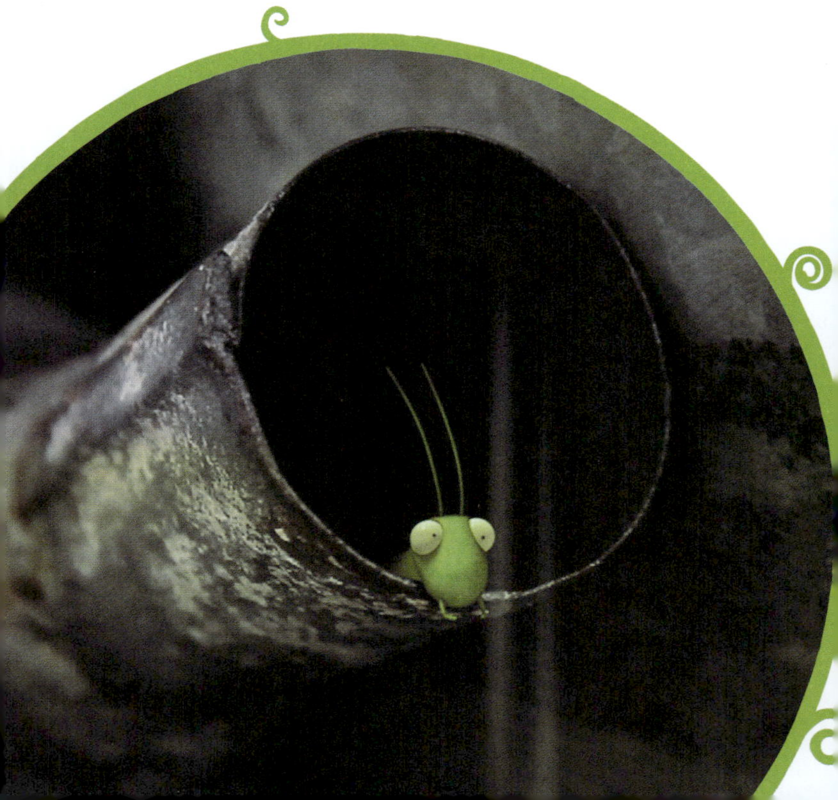

Il rêve d'aventures et de liberté. De grands sauts à travers les forêts. Car si ses jambes sont rouillées, si ses yeux voient de travers, dans sa tête tout est clair.

Des pensées nouvelles bondissent sans arrêt dans sa cervelle.
Lui, il n'est pas un physique, mais un intellectuel !

Soudain, il avise au milieu du débarras deux beaux ressorts qui brillent sous la pluie. Et bien sûr, ça lui donne une idée... de génie !

Après la pluie, le beau temps. Le soleil est revenu sur la prairie.

Maman Sauterelle, son aîné, sa cadette et quelques amis bondissent gaiement parmi les herbes folles quand tout à coup, loin derrière, bon retardataire, une étrange créature s'élance : DZZZZOUUUUNG ! En un bond, elle les dépasse, atterrit sur un tronc, repart aussitôt. DZONG ! DZONG ! DZONG ! C'est un petit gars sauterelle, monté sur ressorts, qui va plus vite, plus loin, plus haut que tous les autres.

Dans le pré, on ne parle plus que de lui.

– Vous en avez de la chance, dit-on à Maman Sauterelle, d'avoir donné naissance à un tel prodige.

La dame se rengorge et répond avec fierté :

– Que voulez-vous ? C'est un surdoué ! Dès sa naissance, je l'ai remarqué !

Têtue

C'est une maison de campagne tranquille et ensoleillée. Dans le salon de lecture, tout est calme. Pas une âme qui vive, croirait-on... Erreur ! Là, sur le mur, se détache un petit point noir. Regardez bien.

Oui, c'est bien elle : l'Araignée Sauteuse. Elle vient d'élire domicile dans cette nouvelle demeure et elle s'y sent bien. Le mobilier est à son goût, la hauteur sous plafond suffisante pour tendre de belles toiles...

Et la proximité du jardin lui garantit la visite de nombreuses petites mouches étourdies de soleil, qu'elle n'aura aucune peine à capturer. Elle a enfin trouvé la maison de ses rêves ! Immobile sur le mur, elle réfléchit au meilleur endroit où tisser son piège...

Or sa présence n'a pas échappé au propriétaire des lieux. Heureusement pour elle, il n'est pas homme à tuer les petites bêtes inoffensives. C'est même un ami des animaux. Il approche gentiment sa main et la capture avec un verre.

Puis il la transporte au bout de son jardin et la fait tomber dans l'herbe mouillée. À toi la liberté, petit arachnide !

Mais l'Araignée Sauteuse voit les choses d'un autre œil. Primo : elle n'aime pas être expulsée de SA maison. Deuxio : en chutant dans l'herbe, elle s'est cognée au fil de fer de la clôture, ce qui l'a mise de très mauvaise humeur.

Un coup d'œil vers le haut finit de la convaincre : la clôture est surpeuplée. De nombreuses autres petites exilées, serrées comme des sardines, y ont déjà bâti leurs toiles. Quelle mouche serait assez stupide pour aller se fourrer dans piège aussi grossier ?

Non, vraiment, elle était bien mieux installée dans la grande demeure. Et puis, la nature, ce n'est pas son truc. La demoiselle rentre donc au bercail. On l'a chassée par la porte ? Elle reviendra par la fenêtre !

Elle retourne se poster à son endroit préféré, au beau milieu du mur. Et malheur à celui qui osera la déloger : elle est ici chez elle, non mais !

– Quelles enquiquineuses, ces bestioles ! s'énerve le propriétaire, en avisant une nouvelle araignée sur le mur.

Le pauvre : il ne se doute pas que c'est la même qui est revenue lui faire un pied de nez ! Agacé, il va chercher son aspirateur.

Quelques minutes plus tard, l'araignée voit approcher de sa tête un gros tube bizarre, tout noir à l'intérieur. Qu'est-ce que c'est que cet animal qui vient la renifler ? Un éléphant égaré ? Un fourmilier qui la confond avec son goûter ?
Misère ! Voici que l'animal se met en rogne. Il lui souffle dessus tel un dragon enrhumé. L'araignée s'accroche de tous ses crampons au mur du salon, mais le monstre l'aspire vers sa gueule grande ouverte. Gloups : il finit par l'avaler !

L'araignée dégringole le long de sa gorge interminable et... PLOP : finit par atterrir dans son estomac. On n'y voit goutte là-dedans ! Quelqu'un aurait-il un briquet, une bougie pour éclairer ? Non, personne ? Hou Hou ! Il y a quelqu'un ?

Oui ! Il y a foule, même. Deux paires de petits yeux blancs, puis quatre, six, huit... et aussi de gros yeux rouges apparaissent bientôt autour de notre petite obstinée. Elle n'est donc pas la seule à s'être fait croquer par le monstre. Plein d'autres araignées sauteuses et de mamzelles mouches lui ont déjà servi de déjeuner.

– Bon, les filles, c'est sympa de vous avoir rencontrées, mais je ne compte pas m'éterniser dans ce nid à poussière ! maugrée la rebelle. Il faut trouver un moyen de s'évader.

Elle grimpe sur un gros tas marron vers un rai de lumière qui filtre du plafond.

En poussant avec ses pattes, elle parvient à soulever le couvercle de sa prison. Toutes ses camarades lui emboîtent le pas. Pas de planton en vue ? Non. Elles se font la belle !

Tandis que ses copines s'éparpillent dans la nature, la petite araignée réfléchit. La prochaine fois qu'il la verra, son colocataire pourrait bien se fâcher pour de vrai. Il faut donc prendre les devants et lui faire comprendre, vite fait, qui est la patronne.

En furetant dans la cuisine, elle aperçoit sur la table une assiette remplie de noix. Cela fera l'affaire !

Tranquillement, elle transporte une, puis deux, puis trois noix jusqu'au salon. Et ainsi de suite, jusqu'à vider l'assiette.

Dans le salon, bien alignées, les noix sont à présent disposées en belles rangées, sur le parquet. L'Araignée Sauteuse est du genre méticuleux. Elle a tout quadrillé.

Fière de son ouvrage, elle retourne se poster, bien en vue, à son endroit préféré. Il n'y a plus qu'à patienter.

Sa victime revient bientôt, en faisant craquer les marches de l'escalier. Il entre dans la pièce, le pas décidé, une bombe insecticide dans son poing serré. Sur le mur, en face de lui, la petite araignée semble le narguer.

Il fonce, le bras levé, le doigt sur la détente et... scroutch ! zzzziiiiip ! BADABLANG !... s'étale de tout son long sur le plancher !

La petite araignée lève alors la tête et aperçoit, à la fenêtre, ses copines attroupées qui ouvrent des yeux effarés.

– Eh, les copines, ne restez pas dehors. Ce vilain squatteur devrait se faire tout petit maintenant. Entrez ! Vous êtes mes invitées !

Ex aequo

L'hiver, à la montagne, les humains adorent dévaler les pistes enneigées.
Ils ne le savent pas, mais les petites bêtes aussi...

Cette année, comme tous les quatre ans, elles se sont réunies pour assister aux mini-jeux Olympiques d'hiver. Deux athlètes, petits par la taille, grands par le talent, vont s'affronter : Alexis l'Escargot et Marcel l'Arpenteur. Ils sont connus dans les prairies du monde entier pour leurs performances aux derniers mini-championnats de ski.

Vont-ils réussir à renouveler leurs exploits cette saison ? Suspense... Les supporters sont venus nombreux, au pied des pistes, pour acclamer leurs héros.

C'est l'arbitre international Fourmi Noire F45 qui surveillera le bon déroulement des courses.

L'épreuve du slalom géant va débuter dans quelques secondes. Alexis l'Escargot s'avance seul en haut de la piste. F45 siffle une fois. À vos marques, prêt ? Elle siffle un second coup et appuie sur le chrono. Partez !

Alexis s'élance ! Tous les spectateurs retiennent leur souffle. Alexis glisse à toute vitesse. Le poids de sa coquille joue en sa faveur et l'entraîne vers l'avant.

Il zigzague avec adresse entre les piquets et franchit la ligne d'arrivée à... 41 secondes. C'est un excellent résultat.

C'est au tour de Marcel l'Arpenteur de prendre le départ. À vos marques, prêt, partez ! Marcel se redresse et bondit.
Il file, ultra-rapide...
Mais quel dommage : il perd du temps dans les virages, qu'il négocie trop large. Attention, il perd l'équilibre et part en tournoyant.
Il passe finalement la ligne d'arrivée... à 52 secondes.

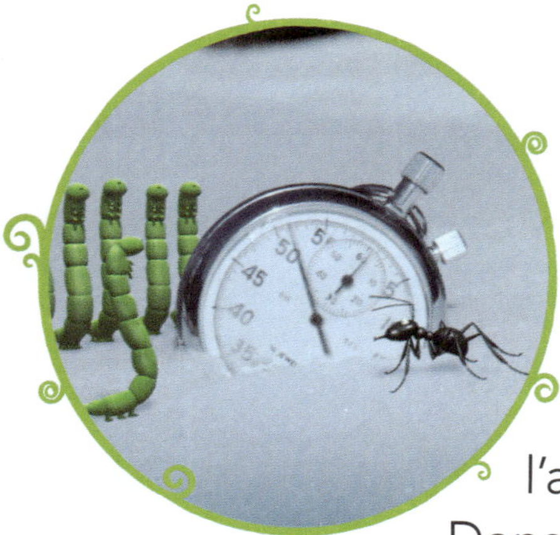

– Le vainqueur de la première épreuve est Alexis l'Escargot ! annonce l'arbitre.

Dans les tribunes, les colimaçons sont en délire. Ils montent et descendent leurs antennes en rythme : attention, s'ils continuent à s'exciter, ils risquent de provoquer une avalanche !

Cependant, les athlètes se préparent déjà pour la deuxième épreuve : le saut à ski. Alexis l'Escargot glisse le long du tremplin et s'envole entre les branches des sapins.

Quelle élégance ! Il retombe avec une technique impeccable, en disparaissant sous sa coquille, et s'enfonce dans la poudreuse. Espérons qu'il n'a rien de cassé...

Ouf, tout va bien ! Il relève déjà les antennes. L'arbitre n'a plus qu'à mesurer la distance du saut : ce sera 45,3 cm. Une bonne performance !

Son rival Marcel l'Arpenteur va devoir relever le défi.

Au coup de sifflet, Marcel dévale le tremplin et file dans les airs telle une fusée. Il retombe tête la première et va se ficher dans la neige, loin, très loin devant. L'arbitre déroule son mètre... 45 cm, 50 cm, 60, 80, 100, 110, 120...

Coup de théâtre sur les pistes ! Quelle performance incroyable ! Fantastique ! Extraordinaire ! Le mètre ne suffit pas à mesurer la distance du saut de Marcel l'Arpenteur. Il vient de battre le record du monde établi il y a plus de dix ans par Max le Mille-Pattes. C'est un moment HIS-TO-RIQUE !

Cependant, rien n’est encore joué. La troisième et ultime épreuve doit venir départager les deux concurrents. Il s’agit de la descente, la discipline reine. Elle se déroule sur un tracé très technique avec un dénivelé d’au moins 1 mètre, une folie !

Au coup de sifflet, les deux athlètes démarrent, côte à côte. Alexis l'Escargot prend très vite une légère avance... Il aborde le virage en tête. Il parvient à le négocier sans problème et creuse l'écart.

Mais attention ! Nouveau rebondissement : Marcel l'Arpenteur vient de profiter d'une bosse sur le terrain pour sauter ! Il tente le tout pour le tout pour rattraper son retard... Il atterrit sur la coquille d'Alexis !

Ce n'est pas très régulier, que va dire l'arbitre ?

Incroyable ! Extraordinaire ! L'arbitre ne dit rien ! La course peut continuer. Marcel tend son corps vers l'avant, il dépasse Alexis d'une tête... Nom d'une limace, Alexis ne se laisse pas faire et allonge ses antennes le plus loin possible. Ils franchissent ensemble la ligne d'arrivée... ex aequo !

C'est un résultat inattendu. Les escargots, il faut l'avouer, sont un peu dépités et les chenilles pas très fières. Le calme retombe sur la montagne.

Sur les pistes d'à côté, les humains continuent à s'amuser. Ils peuvent skier en toute tranquillité : il n'y aura pas d'avalanche aujourd'hui !

Sans abri

L'hiver est arrivé dans la prairie. Les oiseaux se sont tus, les fleurs ont disparu. Tout est gris. Et ce matin, du ciel couleur plomb tombent les flocons.

La campagne est déserte. Toutes les petites bêtes font dodo au fond d'un trou tout chaud. Toutes... sauf une. C'est Lucile, la chenille arpenteuse. Elle ne s'est pas méfiée, elle a grignoté tout l'été. Puis la bise est venue et la voici fort dépourvue. Elle se retrouve sans logis.

Tout en haut d'un poteau nu, la chenille avise dans le lointain une ferme isolée.
La chenille se hâte et, tremblant de froid sous les flocons, rampe vers l'antique maison.
Dans la cour où rien ne bouge, elle voit une porte vermoulue.
Elle se glisse sous le battant de bois, ni vu ni connu.

C'est une remise lugubre où sifflent les courants d'air. Sur le sol de terre battue se dressent deux cageots. En hauteur, sur une table, une énorme citrouille est posée à côté d'un pot de fer. En désordre, contre le mur, des outils sont empilés près de bidons rouillés.

Notre chenille hésite... Question cocon, elle a vu plus douillet. Mais a-t-elle le choix ? Dehors, la neige tourbillonne. Ici, au moins, elle sera à l'abri. Alors tant pis : elle avance vers le premier cageot.

Surprise ! Il est rempli de belles pommes rondes et rouges. Elles feront de parfaites chambrettes où passer l'hiver endormie, le ventre bien garni.

La chenille reprend espoir. Elle choisit le fruit le plus dodu et gravit sa chair rebondie. Mais arrivée au sommet, que voit-elle ? Un trou.

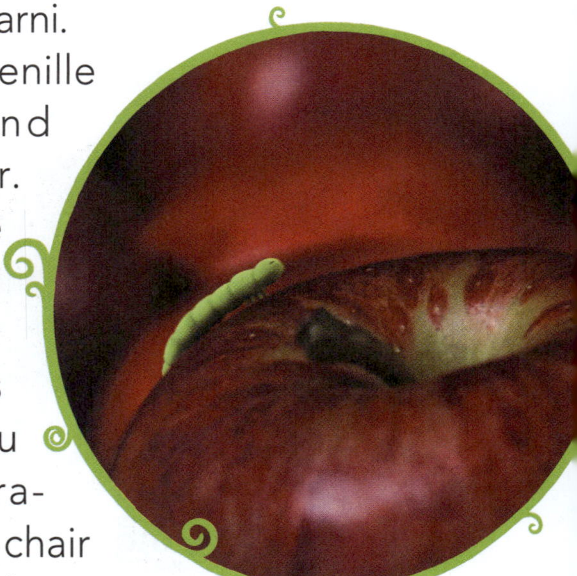

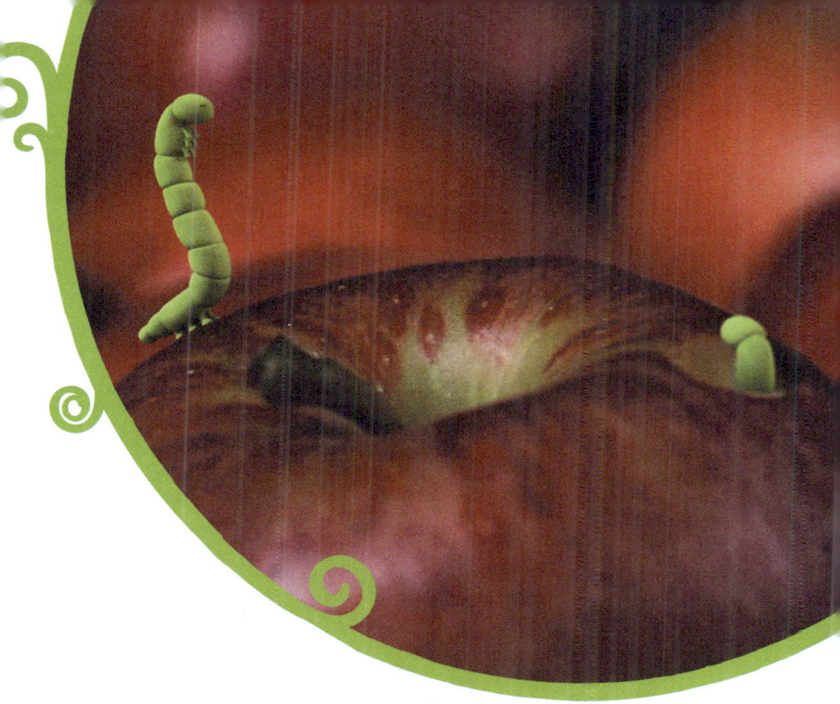

Et qui dit trou dans la pomme dit ver dans le fruit.
L'occupante du logis ne tarde pas à se montrer. Elle regarde l'intruse, les sourcils froncés. Le message est passé : la place est prise, circulez !

Lucile se tourne vers les autres fruits.
Une, deux, trois, dix, vingt petites têtes vertes surgissent aussitôt et la toisent, courroucées. Hélas, toutes les pommes du cageot sont déjà occupées !

Et ces chenilles arpenteuses ont beau être ses cousines, elles n'ont pas l'air prêtes à l'héberger.

« Qu'à cela ne tienne : l'hôtel est complet, je vais aller voir à côté », se dit Lucile en rampant vers le second cageot.

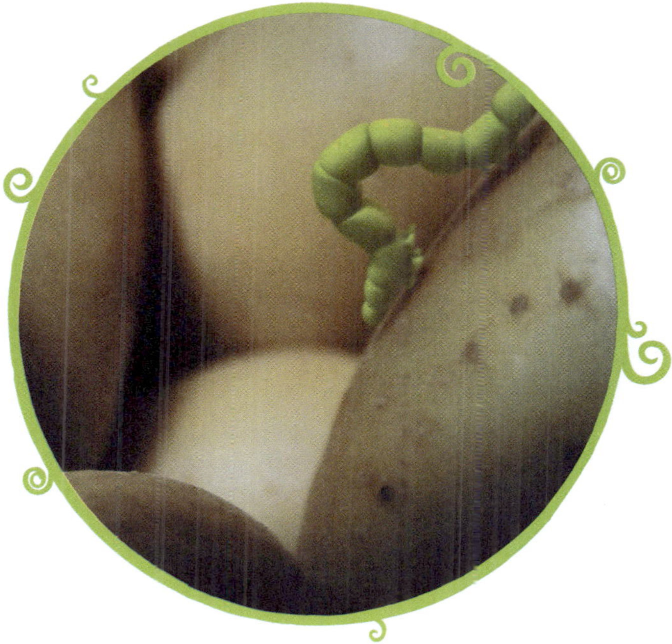

Celui-ci est rempli de pommes de terre. Hum... Ici, le standing est moins élevé. Les matelas sont un peu durs, et le ménage pas toujours fait. Mais Lucile n'a pas le choix. Elle se glisse dans le repaire et grimpe sur un légume plein de poussière.

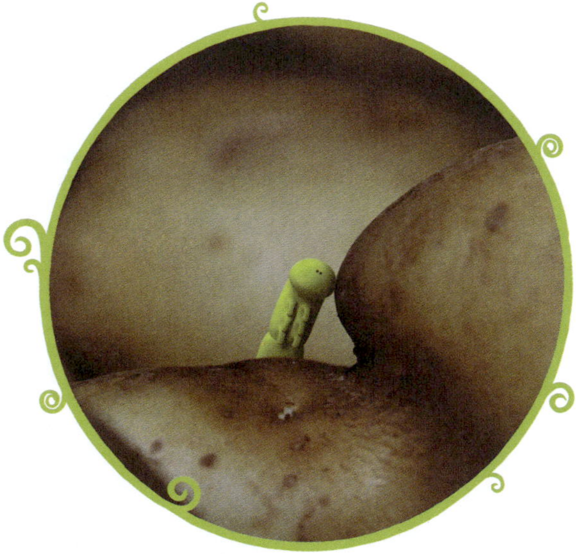

Toc, toc, toc ! fait-elle en tapant de sa tête contre la pomme de terre. Cette fois, elle a compris la leçon : il vaut mieux frapper avant d'entrer.

Gloups ! Serait-ce une patate hantée ? Elle s'est mise à trembler. POP ! Finalement, une énorme tête verte apparaît, avec son bouchon sur la tête.

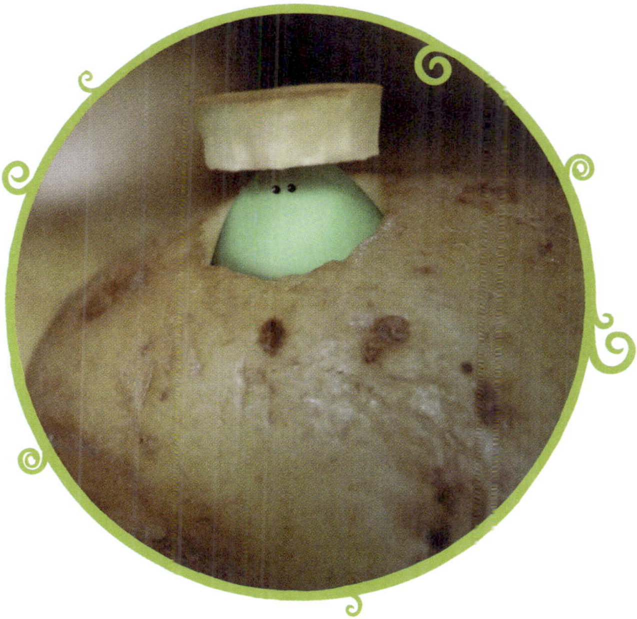

Ouf, c'est juste une grosse chenille de machaon.

Lucile respire mais sa joie est de courte durée : ici non plus, elle n'est pas la bienvenue.
POP ! POP ! POP ! Une, deux, trois, dix, vingt, trente autres chenilles de machaon apparaissent bientôt. Toutes la fixent, outragées. Comment cette bohémienne ose-t-elle troubler leur tranquillité ?

Lucile n'insiste pas. Elle bat en retraite à petits pas. La vie est dure pour la dernière arrivée. Toutes les portes se ferment sous son nez. Elle n'a nulle part où aller...

Nulle part ? Pas tout à fait : là-haut, sur la table, la grosse citrouille n'a pas bougé.
C'est un motel plutôt miteux que cette coriace cucurbitacée, mais les chambres y sont spacieuses : c'est leur qualité.

Alors Lucile grimpe,
cahin-caha, sur la table
et approche du fruit
esseulé.
Toc, toc, toc !
Pas de réponse.
La place est libre !!!

La petite chenille se met au travail. Pendant des heures, elle creuse en grignotant la chair du fruit géant. La voilà rassasiée pour l'hiver entier. Elle s'endort enfin, pelotonnée, au milieu de sa caverne orangée.

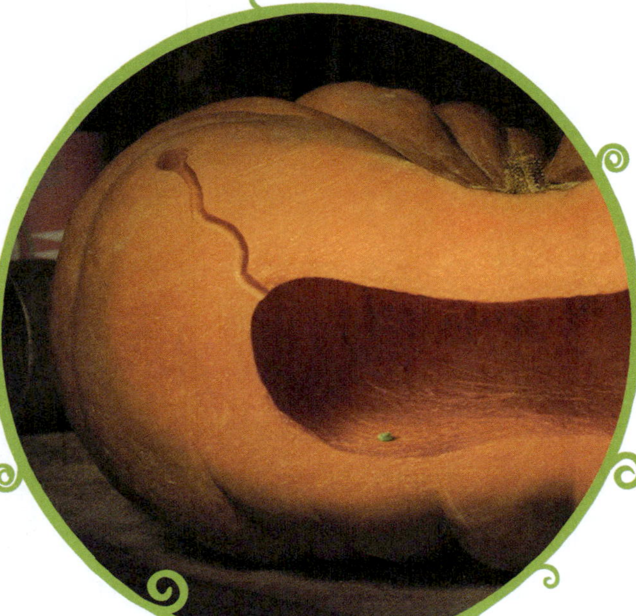

Les jours passent. L'hiver s'installe.
Il neige toujours dans le pré.

Toute seule dans sa grotte, Lucile fait un dodo bien mérité quand CRIIIIIIIIII....
La porte de la remise a grincé : voici le fermier !

Il approche avec ses grandes bottes, en grommelant sous son chapeau, se penche et saisit le premier cageot. Il le pose sur le second et s'apprête à tout emporter.

Lucile bondit hors de son trou et, n'écoutant que son bon cœur, fait tomber le pot de fer, posé près de la citrouille, sur les outils empilés. Ces derniers, en basculant, renversent les bidons rouillés. BADABLING ! BADABOUM ! Quel boucan !

Par le bruit alerté, le fermier se retourne. Grommelant de plus belle, il repose ses cageots et, de son pas pesant, va ranger son matériel. Les chenilles en profitent pour déserter les cageots en détresse.

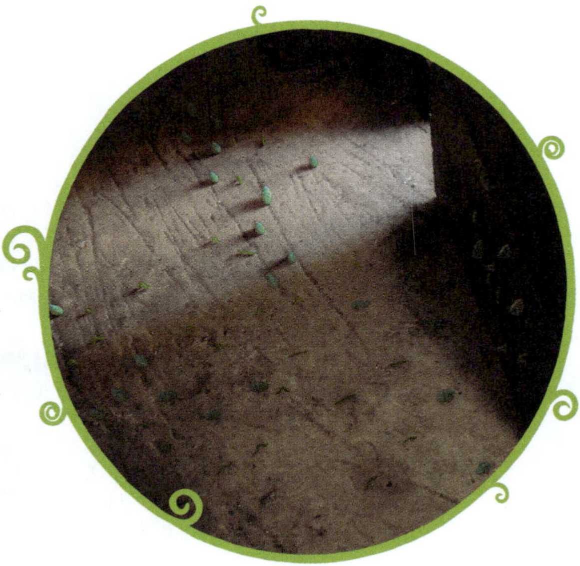

Elles se réfugient derrière l'établi, en catimini.

Les pauvrettes ont la vie sauve mais un souci : à leur tour d'être sans logis. Vont-elles devoir, telle Lucile naguère, arpenter les chemins en quête d'un petit coin et mendier l'hospitalité à toutes les portes closes ?

Eh bien non ! Lucile n'est pas rancunière. Elle a ouvert sa porte à toutes celles qui l'avaient chassée. Sa vile citrouille, que toutes dédaignaient, est grande comme un palais !

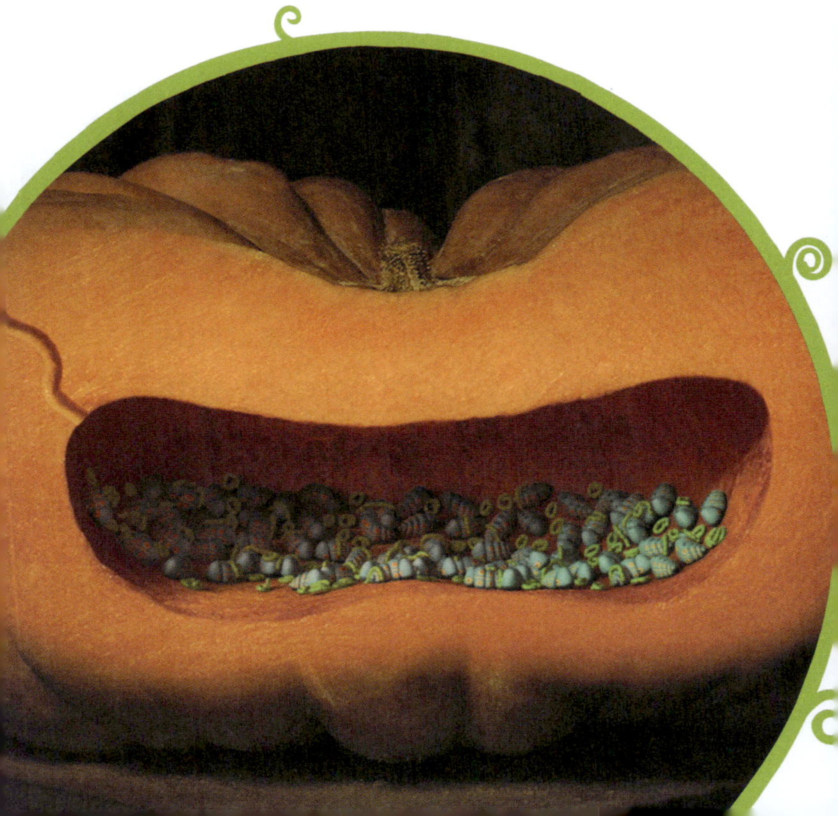

L'hiver a perduré. Il neige encore dans le pré. Dans leur citrouille, petites et grosses chenilles ronflent à qui mieux mieux.

Blottie parmi ses congénères, Lucile sourit en songeant : bien fol est celui qui, se croyant riche et bien loti, se moque des pauvres étourdis. La roue tourne et la fourmi prévoyante n'est jamais à l'abri d'un imprévu. Heureuse sera-t-elle de rencontrer la cigale insouciante au cœur généreux.

Table des matières

Une production Futurikon, en coproduction avec Vivi Film, Nozon Paris,
Nozon et Euro Media France
Avec la participation de France Televisions, du Centre National de la Cinématographie
et de la région Wallone
En association avec Cofinova 6
Avec le soutien du Pôle Image de Liège

Rejoins Minuscule sur

Glénat Poche est une collection dirigée par Fabrice Le Jean.

Auteur : Emmanuelle Kecir-Lepetit
Maquette : Benjamin Rouffiac
Édition : Joséphine Lacasse
Édition 01.
Dépôt légal : janvier 2015.
Loi n°49-956 du 16 juillet 1949 sur les publications destinées à la jeunesse.
ISBN : 978-2-344-00636-8 / 001
Achevé d'imprimer en France en décembre 2014 par Pollina - L70672,
sur papier provenant de forêts gérées de manière durable.

PEFC 10-31-2065 / Certifié PEFC / pefc-france.org